STAR WARS

THE

MANDALORIAN

DAS OFFIZIELLE BUCH

ZUR SERIE

STAR WARS

THE
MANDALORIAN
DAS OFFIZIELLE BUCH ZUR SERIE

Text von Matt Jones

INHALT

EINLEITUNG 6

DER MANDALORIANER . 8

DIE RAZOR CREST 10

PAGODON 12

DER MYTHROL 14

RAVINAKS 16

NEVARRO 18

GREEF KARGA 20

ÜBERRESTE DES
IMPERIUMS 22

DIE SCHMIEDIN 24

ARVALA-7 26

KUIIL 28

IG-11 30

GROGU 32

GROGUS WIEGE 34

SANDKRIECHER 36

SCHLAMMHORN 38

SORGAN 40

KRILL-FARMER 42

CARA DUNE 44

KLATOOINIANISCHE
PLÜNDERER 46

PLÜNDERER-AT-ST . . . 48

RIOT MAR 50

PELI MOTTO 52

TORO CALICAN 54

FENNEC SHAND 56

RANZAR MALK 58

MIGS MAYFELD 60

MALKS CREW........ 62

BOTHAN-5 64

REPTAVIANE 66

MOFF GIDEON 68

ÜBERLAND-
TIE-JÄGER 70

FLAMMENTRUPPEN .. 72

AUF IN DIE LÜFTE!.... 76

MOS PELGO......... 78

COBB VANTH 80

TUSKEN-RÄUBER 82

BANTHAS.......... 84

KRAYTDRACHE 86

FROSCHLADY 88

CARSON TEVA 90

MALDO KREIS........ 92

EISSPINNEN 94

TRASK............. 96

QUARREN-SCHIFF 98

BO-KATAN KRYZE ... 100

KRYZE' EINHEIT..... 102

IMPERIALER
FRACHTER 104

SCHULE IN NEVARRO 108

IMPERIALE BASIS ... 110

TREXLER
MARODEUR 906 112

CORVUS........... 114

AHSOKA TANO...... 116

MORGAN ELSBETH .. 118

ELSBETHS TRUPPEN 120

TYTHON 124

BOBA FETT........ 126

BOBA FETTS SCHIFF 128

MÖRSERTRUPPEN... 130

DUNKELTRUPPEN ... 132

KARTHONISCHE
SCHROTTFELDER ... 134

MORAK 136

JUGGERNAUT-
TRANSPORTER 138

MORAK-BASIS 142

LAMBDA-SHUTTLE.. 144

GANTELET-
STERNENJÄGER..... 146

GIDEONS KREUZER .. 148

LUKE SKYWALKER .. 150

R2-D2............. 152

JABBAS PALAST 154

BEGRIFFE 158

EINLEITUNG

Das Imperium mag besiegt sein, aber dessen Nachfolger, die sogenannte Neue Republik, hat keine umfassende Kontrolle über die gesamte Galaxis, besonders nicht im Äußeren Rand. In dieser Region sind noch imperiale Gruppen aktiv, und Mitglieder der Kopfgeldjägergilde spüren gegen Bezahlung Kriminelle auf.

Nach der Großen Säuberung Mandalores sind die verbliebenen Mandalorianer in der Galaxis verstreut und verstecken sich in Unterschlüpfen. Ein mandalorianischer Kopfgeldjäger geht seinem riskanten Gewerbe im Äußeren Rand nach.

DER MANDALORIANER

Bester im Umkreis eines Parsec

Der Mandalorianer, kurz Mando, ist im Äußeren Rand als Kopfgeldjäger aktiv. Er ist Mitglied der Kopfgeldjägergilde und angesehen in seinem Job. Mit seiner Bezahlung unterstützt er die Gruppe im Unterschlupf auf Nevarro, der er angehört.

Wissenswertes über den Mandalorianer

1 Mandos richtiger Name lautet Din Djarin. Als Kind wurde er inmitten einer Schlacht von einer Einheit Mandalorianer gerettet.

2 Als Findelkind wurde er so zu einem mandalorianischen Krieger erzogen.

3 Mando glaubt fest an eine Reihe von Regeln, die für ihn „der Weg" sind. Aber nicht alle Mandalorianer glauben dasselbe.

4 Einige Teile seiner Rüstung sind aus purem Beskar. Mit seinen Reisen durch die Galaxis verdient er sich neue Rüstungsteile.

Sensoren am Schiffsheck

WAFFEN-SCHRANK

Mando hat eine Reihe von Blastern in einem Schrank an Bord seines Schiffes. Im Ernstfall dürfen sich seine Verbündeten dort bedienen.

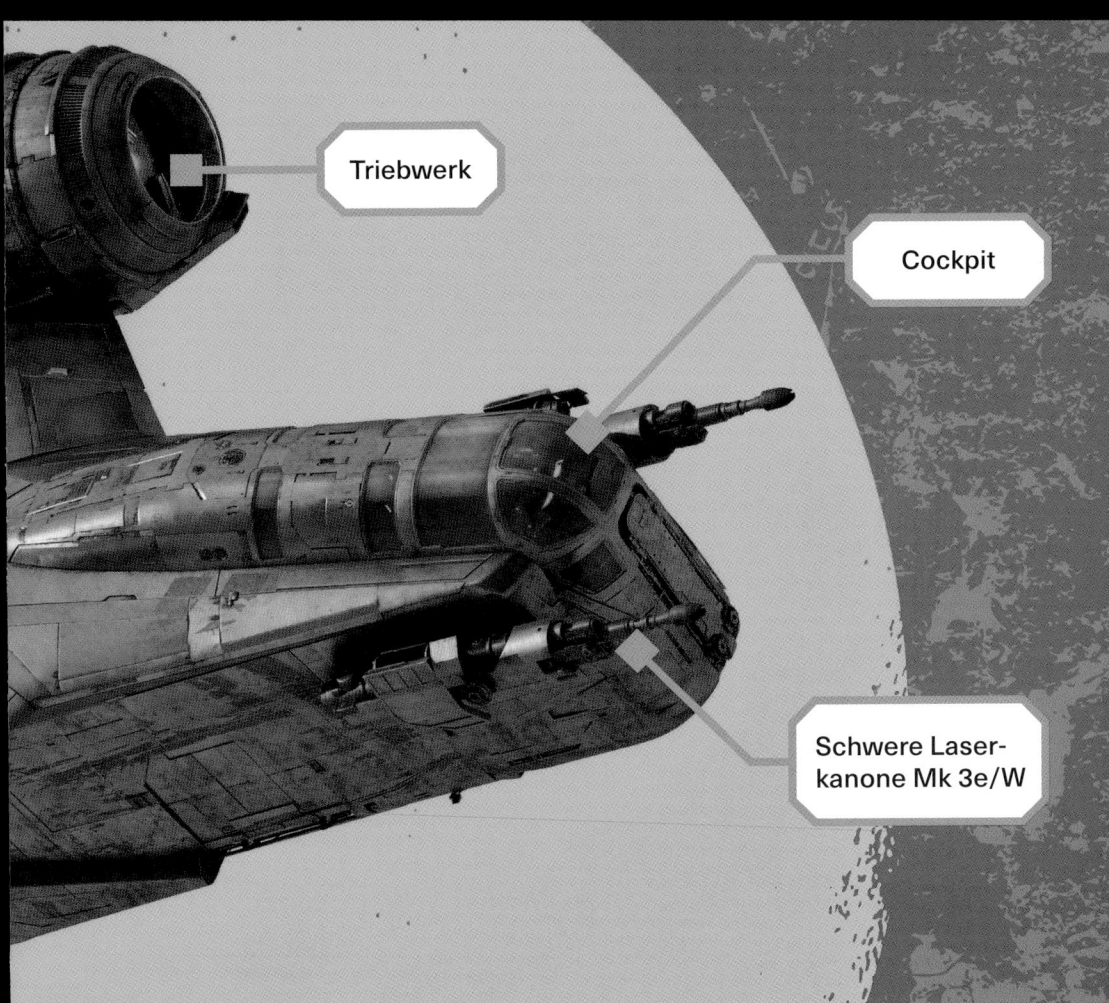

Triebwerk

Cockpit

Schwere Laser-
kanone Mk 3e/W

DIE *RAZOR CREST*

Der Mandalorianer fliegt mit der *Razor Crest,*
einem ramponierten, alten Kanonenboot, durch
die Galaxis. Sie verfügt über allerlei Ausrüstung,
die bei der Kopfgeldjagd hilfreich ist. Für den
einfacheren Transport kann er an Bord sogar
gefangene Zielpersonen in Karbonit einfrieren.

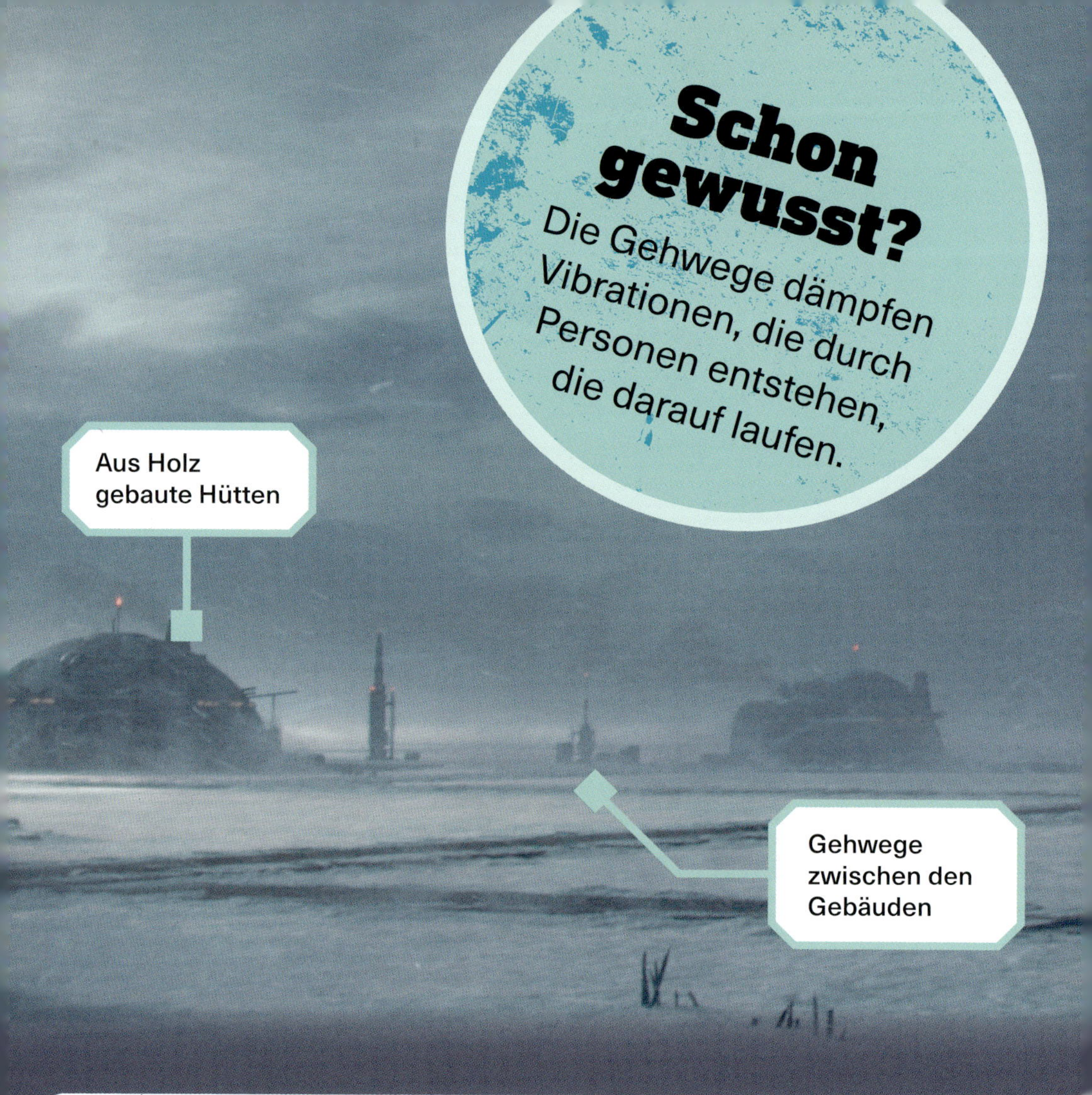

Aus Holz gebaute Hütten
Gehwege zwischen den Gebäuden

Schon gewusst?

Die Gehwege dämpfen Vibrationen, die durch Personen entstehen, die darauf laufen.

PAGODON

Die Eiswelt Pagodon ist ein perfekter Ort, um sich im Äußeren Rand zu verstecken. Mando spürt auf dem Planeten einen Kriminellen auf. Unter den Einheimischen gibt es etliche Fischer, die Jagd auf Fischschwärme unter dem Eis machen.

Hütte mit
Kommunikations-
ausrüstung

Leeres Gebäude

FÄHRMANNSEND

Es gibt auf Pagodon eine kleine Siedlung
namens Fährmannsend. Sie besteht aus
16 Gebäuden, darunter ein Gasthaus, in
dem die Fischer verweilen können.

13

DER MYTHROL

Mandos Zielperson

Dieser freundliche Mythrol ist kriminell! Er log und stahl Geld auf Nevarro, woraufhin er vom Planeten floh. Der Straftäter versteckt sich auf Pagodon unter den heimischen Fischern, als er auf Mando trifft. Der Kopfgeldjäger hat ihn mit einem Peilgerät aufgespürt.

Wissenswertes über den Mythrol

1 Mandos Kurzstreckenpeilgerät enthält Daten über den Identifikationscode des Mythrols und piept, wenn er in der Nähe ist.

2 Der Mythrol hat eine Menge Credits im Geldbeutel am Gürtel und versucht, Mando zu bestechen, damit er ihn gehen lässt.

3 Er ist ein fähiger Computerhacker.

4 Greef Karga gibt ihm auf Nevarro die Chance, seine Schuld abzuarbeiten.

RAVINAKS

Vorsicht vor diesen gefährlichen Raubtieren!
Die Bestien lauern auf Pagodon unter dem Eis
und brechen hervor, um sich jede Beute zu
schnappen, die sie vors Maul bekommen.

Kräftiger Körper
zum schnellen
Schwimmen

Scharfe Krallen

Starker Schwanz

Für einige Jäger
kostbare Stoßzähne

RAVINAK-ANGRIFF

Als ein Ravinak sich an eine Landestütze der *Razor Crest* klammert, muss Mando schnell handeln. Er schießt mit seinem Disruptor auf das Biest und vertreibt es.

17

Die Gebäude fügen sich in die Umgebung ein.

Stadttor – früher mit Glocke

Einfaches Landefeld vor der Stadt

NEVARRO

Nevarro ist ein Planet im Äußeren Rand, auf dem es viele Vulkane gibt. Einst gab es dort eine imperiale Basis, aber viele glauben, dass das Imperium die Welt verließ, als es von der Rebellenallianz besiegt wurde. Der örtliche Vertreter der Kopfgeld-jägergilde ist Greef Karga. Man findet ihn in Nevarro-Stadt.

Schon gewusst?

Eine Gruppe Mandalorianer versteckt sich hier unterirdisch in einem geheimen Unterschlupf.

Rote Markisen zieren den örtlichen Basar.

NEVARRO-STADT

Die Stadt Nevarro hat einiges zu bieten, darunter ein Basar, eine Cantina, ein Versteck des Restimperiums und ein mandalorianischer Unterschlupf.

19

GREEF KARGA

Lokaler Gildenvertreter

Greef Karga ist ein erfolgreicher Vertreter der Kopfgeldjägergilde. In einer Cantina der Stadt Nevarro vermittelt er Gildenmitgliedern Aufträge. Mando ist sein Lieblingsjäger, weil er einer der Besten seiner Zunft ist!

Wissenswertes über Greef Karga

1 Greef Karga war Nevarros Magistrat, bis er seinen Posten aufgeben musste.

2 Er ist treffsicher mit einer Blasterpistole.

3 Greef mag das Imperium nicht und will keine Imperialen auf Nevarro haben.

4 Nachdem Mando Moff Gideon besiegt hat, wird Greef wieder Magistrat.

5 Greef möchte das Leben für die Leute auf Nevarro besser machen und wünscht sich eine erfolgreiche Zukunft für sie.

DER KLIENT
Dieser hohe Imperiale operiert von einem sicheren Versteck in Nevarro-Stadt aus. Die Kopfgeld-jäger, die ihm das „Zielobjekt" brin-gen sollen, kennen den Namen ihres Auftraggebers nicht.

ÜBERRESTE DES IMPERIUMS

Das Imperium wurde vor Jahren besiegt. Doch einzelne imperiale Gruppen finden sich immer noch auf Welten des Äußeren Rands. Man nennt sie Restimperium, aber keiner weiß genau, ob sie unabhängig oder als vereinte Macht arbeiten.

Schon gewusst?

Das sichere Versteck ist klein, aber außerhalb der Stadt gibt es eine große imperiale Basis.

DOKTOR PERSHING

Dieser Wissenschaftler mit schwachen Nerven arbeitet im Versteck auf Nevarro. Er wirkt an Geheimprojekten mit und braucht das Zielobjekt für seine Experimente.

DIE SCHMIEDIN

Das ist der Weg

Die weise Schmiedin gehört zu den Mandalorianern im Unterschlupf auf Nevarro. Sie hilft dabei, Rüstung und Waffen ihrer Kameraden in Schuss zu halten und fertigt auch neue Teile für sie an.

Wissenswertes über die Schmiedin

1 Die Schmiedin auf Nevarro ist nur unter ihrem Titel bekannt.

2 Mandalorianer achten Waffenschmiede und schätzen ihren Rat.

3 Beskar ist ein seltenes Metall von Welten des mandalorianischen Raums.

4 Nur mandalorianische Schmiede können aus Beskar Rüstungen fertigen.

5 Die Schmiedin nutzt ihr Werkzeug für die Arbeit, kann sich damit aber auch vor Imperialen verteidigen.

24

Schon gewusst?

Einige ziehen hierher, um ein ruhiges Leben zu führen – so wie der Ugnaught Kuiil.

Jawa-Sandkriecher

ARVALA-7

Auf diesem staubigen Planeten gibt es nicht viel zu sehen, aber Mando führt seine Suche nach dem Zielobjekt hierher. Manch einer kam als Siedler nach Arvala-7 – wie mindestens ein mutiger Jawa-Clan. Eine Nikto-Bande hat eine verlassene Anlage übernommen und bewacht dort das Zielobjekt.

Die Spur führt zur Schlammhornhöhle.

BLURRGS

Diese Tiere finden sich auf vielen Welten wie Ryloth, dem Waldmond Endor und Arvala-7. Blurrgs sind nicht sonderlich schlau, eignen sich aber gut zum Reiten.

28

KUIIL

Wohlgesinnter Ugnaught

Kuiil ist ein Mechaniker, der auf Arvala-7 lebt. Der Ugnaught hat dort eine Farm und wünscht sich ein ungestörtes Leben in Frieden. Als eine kriminelle Bande unweit ihr Lager aufschlägt, will Kuiil Mando helfen, damit er sie loswird.

Wissenswertes über Kuiil

1 Er ist ein genialer Mechaniker und repariert Mandos schwer beschädigtes Schiff.

2 Kuiil ist auch gut darin, Droiden instand zu setzen – so wie den Kopfgeldjägerdroiden IG-11. Er macht ihn zu seinem Helfer.

3 Auf seiner Farm hält der Ugnaught einige Blurrgs als Nutztiere.

4 Kuiil mag Grogu und beschützt ihn mit seinem Leben vor dem Imperium.

IG-11

Regeltreuer Droide

IG-11 ist Mitglied der Kopfgeldjägergilde und hat ebenfalls den Auftrag, das Zielobjekt auf Arvala-7 aufzuspüren. Der Droide ist vor Mando vor Ort, aber sie arbeiten zusammen, bis IG-11 versucht, das Ziel zu töten. Daraufhin schaltet Mando ihn aus!

Wissenswertes über IG-11

1 IG-11 ist ein Attentäterdroide der IG-Serie. Ein verwandtes Modell, IG-88, ist ein noch berüchtigterer Kopfgeldjäger.

2 Seine Programmierung verlangt, dass er sich selbst zerstört, wenn die Chance besteht, dass er im Kampf besiegt wird.

3 Der Ugnaught Kuiil repariert IG-11 und programmiert ihn neu als Farmhelfer und Beschützer.

4 IG-11 opfert sich selbst, um Grogu vor den Truppen des Restimperiums zu beschützen.

GROGU

Das Kind

Das Zielobjekt entpuppt sich als neugieriges Kind, das stark in der Macht ist und großen Appetit hat. Grogu, so sein Name, lernt Mando auf Arvala-7 kennen. Er baut eine starke Bindung zu ihm auf und tut alles, um ihn zu beschützen.

Wissenswertes über Grogu

1 Grogu gehört einer seltenen Spezies an. Die meisten bekannten Vertreter scheinen stark in der Macht zu sein.

2 Er kann mit der Macht unfassbare Dinge vollbringen – vom Anheben schwerer Tiere bis hin zum Stibitzen von Leckereien.

3 Grogu ist tatsächlich 50 Jahre alt, aber für seine Spezies ist das jung!

4 Grogu ist darauf versessen, alles zu kosten, was er in die Hände bekommt!

GROGUS WIEGE

Grogu hat eine spezielle Repulsorwiege, die ihm hilft, mit Mando Schritt zu halten. Dank der eingebauten Technik kann sie über dem Boden schweben und ferngesteuert werden.

Gelenk

Schon gewusst?

Kuiil baut Grogu eine neue Schwebewiege, die ähnlich glänzt wie Mandos Rüstung.

Polsterung, damit Grogu es bequem hat

Repulsorlift unterm Polster

HEBELKNAUF

Diese kleine Kugel ist eine von Grogus Lieblingssachen an Bord der *Razor Crest*. Sie sollte auf einem wichtigen Hebel im Cockpit sitzen, aber Mando lässt Grogu damit spielen.

Oberdeck

Ziemlich
verdreckte
Raupenketten

CHETTKAP

Dieser Jawa-Clan wird von einem Ältesten angeführt, der in seinem Sandkriecher für Ordnung sorgt. Eine Kette aus wertvollen Dingen symbolisiert seine Führungsrolle.

Führerstand in Jawa-Größe

Laderampe

SANDKRIECHER

Von der Corellia-Bergbaugesellschaft hergestellte Sandkriecher wurden vielerorts eingesetzt. Auf Tatooine wurden die Raupenfahrzeuge erst für den Bergbau genutzt, dann aber zurückgelassen, sodass Jawa-Clans sie sich zu eigen machten. Einige Jawas verließen mit ihnen den Planeten und ließen sich auf Arvala-7 und anderswo nieder.

SCHLAMMHORN

Die auf Arvala-7 heimischen Schlammhörner sind äußerst starke und gefährliche Kreaturen, die in Höhlen nisten. Dringt jemand dort ein, benutzen sie ihre Hörner als Waffen, um sich selbst zu verteidigen.

EIER

Weibliche Schlammhörner legen Eier. Ein Jawa-Clan auf Arvala-7 mag den Geschmack dieser Eier, die sie Sooga nennen. Mando bringt ihnen eines im Tausch gegen Teile, die ihm gestohlen wurden.

Starke Zähne für harte Kost

Bäume rund um das Dorf

Hütte eines Dorfbewohners namens Caben

GASTHAUS

Dara Vish betreibt ein Gasthaus auf Sorgan. Da sie dort eine freundliche Atmosphäre geschaffen hat, kommen einige Stammgäste extra von weit her.

40

Scheune

Schon gewusst?
Auf Sorgan gibt es keine Raumhäfen, deshalb landet Mando auf einer Waldlichtung.

Ausrüstung zum Brauen von Spotchka

SORGAN

Sorgan ist eine dicht bewaldete Welt, von der man annimmt, dass sie weniger als 10 000 Einwohner hat. Da es keine Städte gibt, kann Mando nach den Ereignissen auf Nevarro gut dort untertauchen.

OMERA

Omera ist Krill-Farmerin. Als Plünderer ihr Dorf angreifen, ist sie bereit, sich zu wehren. Omera ist eine der wenigen in ihrem Dorf, die mit einem Blaster umgehen kann.

Schon gewusst?

Das aus Krill gebraute Getränk nennt sich Spotchka und ist beliebt auf anderen Welten.

KRILL-FARMER

Auf dem Waldplaneten Sorgan verdienen sich viele Einheimische ihren Lebensunterhalt mit Krill. Aus den kleinen, blauen Krebstieren lässt sich viel machen, vom Färbemittel bis zum Getränk. In einem Dorf wird seit Generationen Krill gezüchtet.

WINTA
Omeras Tochter Winta ist fröhlich und nett. Sie hat viele Freunde im Dorf und spielt gern mit dem kleinen Grogu.

43

CARA DUNE

Alderaanische Kämpferin

Cara Dune ist eine starke Kriegerin und eine von Mandos Verbündeten. Früher gehörte sie zur Rebellenallianz. Cara hat für Imperiale nichts übrig, weil sie im Galaktischen Bürgerkrieg ihre Heimatwelt Alderaan vernichtet haben.

Wissenswertes über Cara Dune

1 Cara ist sehr stark und eine großartige Kriegerin. Sie benutzt oft ein Blastergewehr, ist aber auch im Kampf ohne Waffen geübt.

2 Früher war Cara eine Stoßtruppsoldatin. Diese auch „Schocktruppen" genannten Elitekämpfer erledigten riskante Einsätze.

3 Cara trägt noch immer Rüstungsteile ihrer Uniform der Rebellenallianz.

4 Sie erzählt Mando, dass sie die Truppen der Neuen Republik verließ, weil es ihr dort nach dem Sieg über das Imperium zu langweilig war.

BOSS DER PLÜNDERER

Dieser Klatooinianer greift im Kampf gern zum Schwert und führt seine Truppen brüllend ins Gefecht. Der Anführer trägt einen klatooiniani- schen Kilt, plumpe Rüstungsteile und Tierknochen.

KLATOOINIANISCHE PLÜNDERER

Diese furchterregende Bande überfällt immer wieder die armen Krill-Farmer auf der Randwelt Sorgan. Die aggressiven Klatooinianer trinken gern deren Spotchka und stehlen die Ernte der Farmer, um sich ihr eigenes Spotchka zu brauen.

LAGER DER PLÜNDERER

Die Klatooinianer haben ein Lager auf Sorgan. Dort lassen sie es sich zwischen ihren Überfällen gut gehen, trinken Spotchka und rechnen nicht damit, selbst von Mando und Cara angegriffen zu werden.

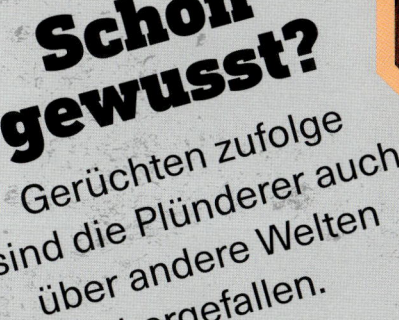

Schon gewusst?

Gerüchten zufolge sind die Plünderer auch über andere Welten hergefallen.

Sichtluke

Zwillings-
laserkanone

Schon gewusst?

AT-STs werden von einer Kuat-Triebwerks- werften genannten Firma hergestellt.

ZUM GRUSELN

Nachts sieht dieser AT-ST mit dem roten Licht, das aus den Sichtluken scheint, bedrohlich aus. Dank Cara Dune ist der Läufer aber keine Gefahr mehr.

Kniegelenk mit Sonderpanzerung

Lackierung der Plünderer

PLÜNDERER-AT-ST

Die Plünderer besitzen einen alten imperialen Läufer. Der Allterrain-Scouttransporter (AT-ST) bewegt sich auf zwei Beinen fort und hat starke Geschütze. Er wurde zwar nicht nach imperialen Standards repariert, ist aber trotzdem so schlagkräftig, dass er selbst erfahrenen Kriegern wie Cara Dune und Mando Angst macht.

RIOT MAR

Riot Mar ist Mitglied der Kopfgeldjägergilde und macht Jagd auf den Mandalorianer. Mar ist ein erfahrener Pilot und fliegt ein maßgeschneidertes Schiff.

Triebwerk

Cockpit

Kommunikations-antenne

LETZTER FLUG

Über Tatooine greift Riot Mar Mandos *Razor Crest* an. Er landet zwar einen Treffer, aber Mando gelingt es, Mars Sternenjäger zu zerstören.

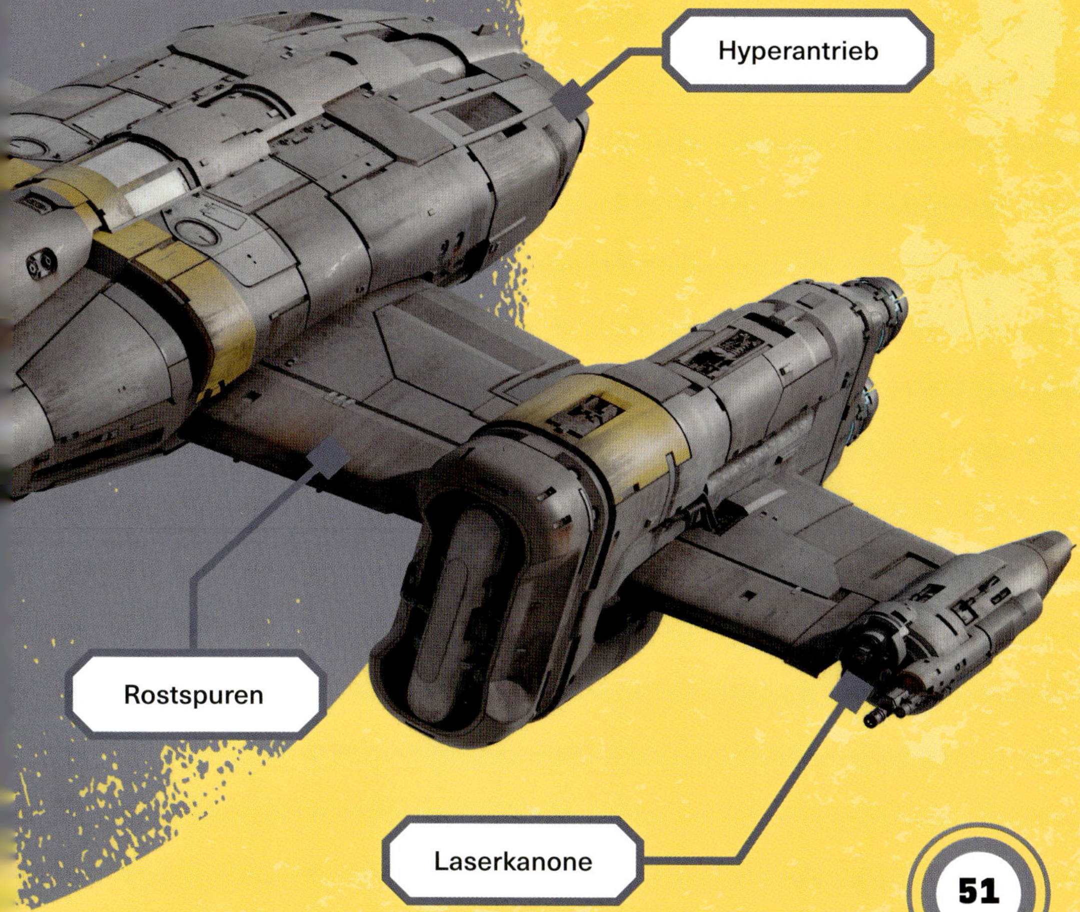

Hyperantrieb

Rostspuren

Laserkanone

52

PELI MOTTO

Mechanikerin von Mos Eisley

Peli Motto besitzt die Startrampe 35 in Mos Eisley auf Tatooine. Sie berechnet Miete für Schiffe, die in der Andockbucht landen, und bietet weitere Dienste an. Zu den Droiden, die für Peli arbeiten, gehören drei Boxendroiden und Astromech R5-D4.

Wissenswertes über Peli Motto

1 Peli kann Raumschiffe reparieren und auftanken, aber wenn der Besitzer keine Droidenmitarbeit wünscht, wird es teurer.

2 Sie kennt fast jeden Tratsch und kann Tipps geben, was in Mos Eisley so los ist.

3 Peli spielt gern Sabacc und übt sich mit ihren Boxendroiden in dem Kartenspiel.

4 An ihrem Ausrüstungsgürtel hat sie eine Menge Werkzeug zur Hand. Den Zustand von Schiffen prüft Peli mit einem Scanner.

5 Sie hat auch einen WED-Raupendroiden.

TORO CALICAN

Aufstrebender Jäger

Toro Calican ist ein ungestümer junger Mann, der gern ein berühmter Kopfgeldjäger wäre. Er hat ein Peilgerät, um die Söldnerin Fennec Shand aufzuspüren, und tut sich dafür mit Mando zusammen.

Wissenswertes über Toro Calican

1 Toro hat kaum Erfahrung mit der Kopfgeldjagd. Mando muss ihm im Laufe ihrer Mission wiederholt das Leben retten.

2 Er besitzt zwei brandneue Quadroferngläser, mit denen er sich Dinge näher ansehen kann, die weit entfernt sind.

3 Als sie in die Wüste aufbrechen, fährt Toro einen Düsenschlitten des Typs 712-AvA der Aratech Repulsorenwerke.

FENNEC SHAND

Legendäre Söldnerin

Fennec Shand ist eine äußerst fähige Söldnerin, die jahrzehntelang in der galaktischen Unterwelt aktiv war. Als Fennec und Mando auf Tatooine aufeinandertreffen, sind sie Feinde. Später auf Tython arbeiten sie dann aber zusammen.

Wissenswertes über Fennec Shand

1 Fennec ist geschickt und bewegt sich flink auf dem Schlachtfeld.

2 Sie bevorzugt ein Scharfschützengewehr, das sie auf jede Distanz zu nutzen weiß.

3 Nach den Ereignissen auf Tatooine hat Fennec mechanische Organe, die sie am Leben halten.

4 Sie trägt oft einen Helm, den sie schon seit Jahrzehnten besitzt.

5 Shand hat für die Hutts gearbeitet.

57

RANZAR MALK

Ehemaliger Kollege

Ranzar Malk und Mando haben früher als Söldner zusammengearbeitet. Heute ist er selbst nicht mehr aktiv und verdient sein Geld mit illegalen Schiffsreparaturen auf einer Raumstation.

Wissenswertes über Ranzar Malk

1 Die Raumstation Roost ist einigermaßen durch Schilde geschützt, aber unbewaffnet und daher anfällig für Angriffe.

2 Malk besitzt einen Sternenjäger der *Renegat*-Klasse, der aufgerüstet wurde, um modernen Standards zu genügen.

3 Seine Crew arbeitete über die Jahre auf vielen Schiffen, auch auf der *Razor Crest.*

4 Ranzar Malk leitet darüber hinaus eine Gruppe von Söldnern.

MIGS MAYFELD

Zielsicherer Söldner

Migs Mayfeld war einst ein imperialer Scharf-
schütze, kehrte dem Imperium aber gegen Ende
des Galaktischen Bürgerkriegs den Rücken. Nun
arbeitet er für Ranzar Malk und führt dessen
Söldnertruppe auf Einsätzen an.

Wissenswertes über Migs Mayfeld

1 Mayfeld ist unglaublich treffsicher mit dem Blaster. In der Imperialen Armee war er ein Elitesoldat.

2 Migs trägt einen speziellen Rucksack mit einem Metallarm. Er kann den Arm mit seinen Gedanken steuern und so einen dritten Blaster benutzen.

3 Mayfeld wird von der Neuen Republik zu einer 50-jährigen Haftstrafe auf den Karthonischen Schrottfeldern verurteilt.

4 Migs verließ die Imperiale Armee, weil er mitansehen musste, wie seine Kameraden gegen Kriegsende alle im Einsatz starben.

Männliche Devaronianer haben Hörner.

BURG
Burg ist ein Devaronianer. Er ist sehr stark und stürzt sich gern ins Gefecht, wo er seine Gegner durch die Gegend schleudert.

Klingen mit sehr scharfer Schneide

XI'AN
Xi'an ist eine auf den Nahkampf spezialisierte Twi'lek-Kriegerin. Ihre Dolche setzt sie auch als Wurfgeschosse ein.

MALKS CREW

Malk hat ein kleines Team für einen Gefängnis-ausbruch zusammengestellt. Jeder davon hat besondere Fähigkeiten oder Eigenschaften, die dafür nützlich sind. Anführer der wilden Crew, zu der auch Mando stößt, ist Migs Mayfeld.

Droidenaugen nennt man Fotorezeptoren.

Q9-0
Der frühere Protokolldroide Q9-0, kurz Zero, hat sich dem Verbrecherleben verschrieben. Als Pilot der Crew bleibt er an Bord der *Razor Crest*.

Doppellaser-kanone

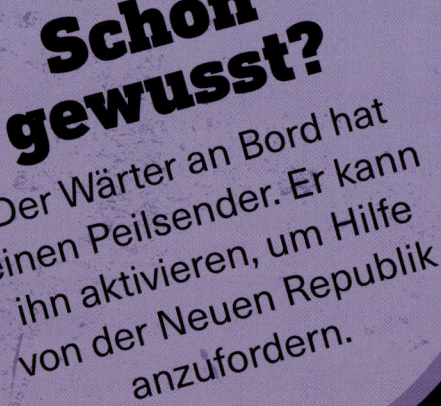

Gefängnisblock

BOTHAN-5

Die *Bothan-5* ist ein Schiff der Neuen Republik, mit dem Gefangene transportiert werden. Bemannt wird es von Lant Davan vom Strafvollzugskorps der Neuen Republik und Sicherheitsdroiden. Malks Crew will den Gefangenen X-6-9-11 aus dem Gefängnisschiff befreien, der sich als weiterer alter Kollege von Mando erweist.

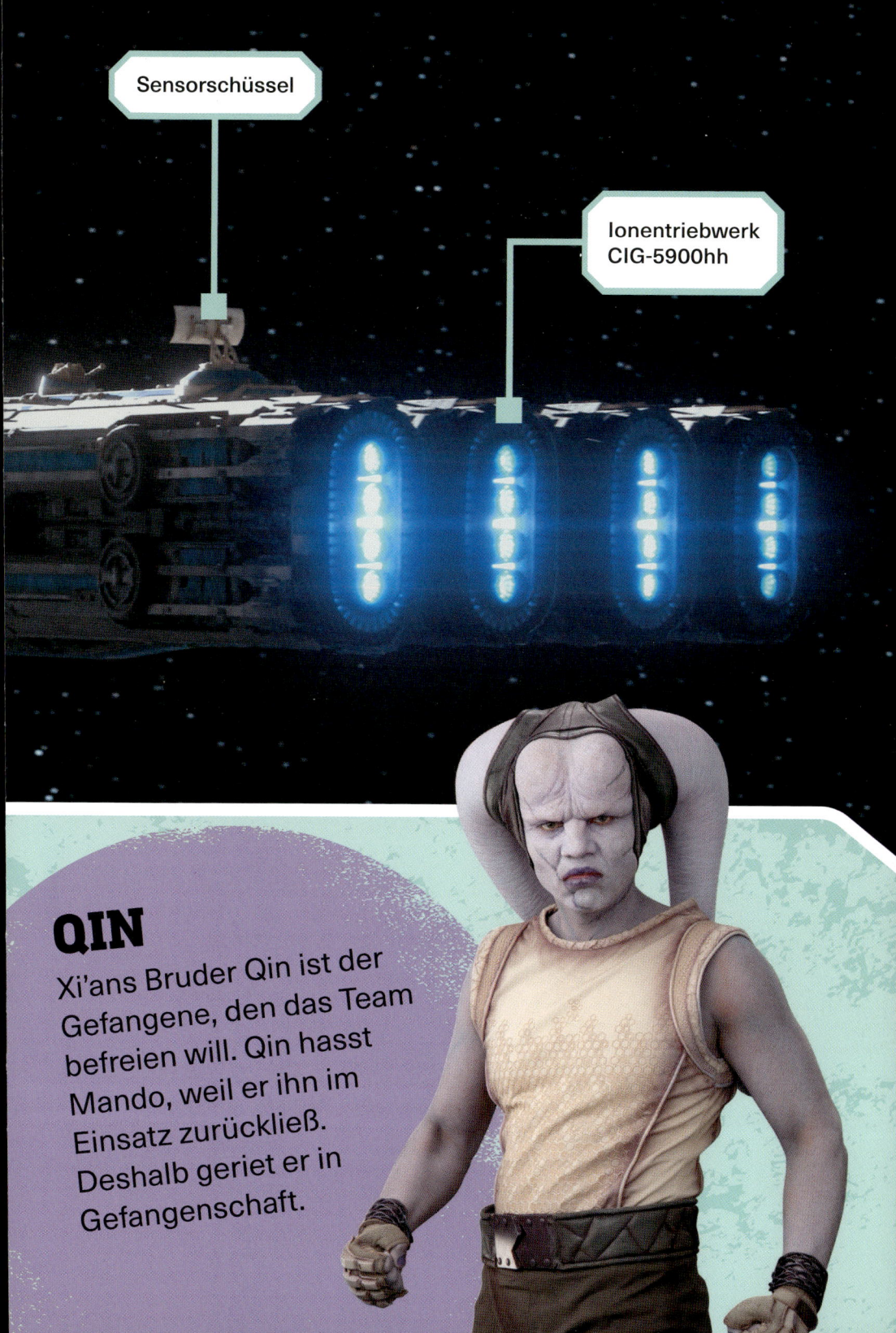

Sensorschüssel

Ionentriebwerk
CIG-5900hh

QIN

Xi'ans Bruder Qin ist der Gefangene, den das Team befreien will. Qin hasst Mando, weil er ihn im Einsatz zurückließ. Deshalb geriet er in Gefangenschaft.

Schon gewusst?

Diese Reptaviane haben giftige Krallen, die tödlich sein können!

Panzerschuppen auf Hals und Rücken

Spitze Eck-zähne zum Fleischfressen

Kräftige Beine zum Tragen schwerer Lasten

GEJAGTE JÄGER

Ein Reptavianschwarm greift Mando und die Gruppe an, mit der er unterwegs ist. Sie ziehen mit einem Blurrg und einem trandoshanischen Jäger ab.

Flügelspanne von ganzen 11,44 m

REPTAVIANE

Die Reptaviane von Nevarro sind fledermaus-artige Geschöpfe mit scharfen Krallen und Zähnen, die äußerst leise in der Nacht jagen. Die flugfähigen Reptilien gehen in Schwärmen auf Beutejagd und füttern mit dem Fang ihre Jungen.

MOFF GIDEON

Mächtiger Anführer

Moff Gideon ist ein intelligenter und rätselhafter imperialer Anführer. Er kommandiert Truppen des Restimperiums und will aus unbekannten Gründen Grogu in die Hände bekommen.

Wissenswertes über Moff Gideon

1 Moff Gideon gehörte zum Imperialen Sicherheitsbüro (ISB), das dafür zuständig war, Verräter am Imperium und Spione der Rebellenallianz zu fassen.

2 Zu Zeiten des Imperiums war ein Moff ein Anführer, der für Imperator Palpatine über einen Sektor der Galaxis wachte.

3 Bei der Großen Säuberung Mandalores war Gideon für viele Tote verantwortlich.

4 Er besitzt das Dunkelschwert, ein spezielles Lichtschwert, das große Bedeutung für die Mandalorianer hat.

ÜBERLAND-TIE-JÄGER

Normale TIE-Jäger können auf ihren Flügeln landen, aber es ist nicht ideal und keineswegs ein Standardmanöver. Zumeist landen TIE-Piloten in imperialen Anlagen oder Schiffen, die speziell dafür ausgestattet sind. Der Überland-TIE-Jäger hat Klappflügel und Landestützen, womit er vielseitiger und auch auf Planeten einsetzbar ist, wo es solchen Luxus nicht gibt.

TIE-Flügel in Lande-position

GIDEON

Moff Gideon bleibt gerne in Übung und fliegt daher oft selbst mit seinem Überland-TIE-Jäger Einsätze. Er beteiligt sich auch am Angriff auf Mando und seine Freunde.

Offene Luke

Laserkanone L-s7.2 von SFS

Landestütze

Rüstung mit schützender Kryaplastschicht

Abgenutzter Lack

Flammen-werfer D-72w „Oppressor"

Flammentruppen haben rote Markierungen.

Schon gewusst?

Flammentruppen gab es auch in der Großen Armee der Galaktischen Republik.

HAUS IN BRAND

Der Innenraum der Cantina auf Nevarro geht blitzschnell in Flammen auf. Ohne Grogus Machtkräfte hätten Mando und seine Freunde das Inferno niemals überlebt.

FLAMMENTRUPPEN

Das Imperium hatte eine Reihe spezialisierter Soldaten für verschiedenste Einsatzarten und -orte, darunter auch Flammentruppen. Diese können dazu dienen, Feinde aus verschanzten Stellungen zu treiben. Dafür tragen sie hitzefeste Rüstungen und Flammenwerfer.

Treibstofftank

Zündkammer

Ausrichtbare
Steuerdüse

JETPACK-DESIGN

Die Waffenschmiedin ist sehr geschickt und kann auch Jetpacks reparieren und herstellen. Aus Rüstungsteilen gefallener Mandalorianer hat sie dieses Exemplar angefertigt.

AUF IN DIE LÜFTE!

Viele Mandalorianer tragen im Einsatz Jetpacks, weil sie sich damit freier bewegen können. Mando erhält von der Schmiedin ein mit Beskar gepanzertes Jetpack, als er in den Unterschlupf auf Nevarro zurückkehrt. Alsbald nutzt er es, um sich Moff Gideon in seinem TIE-Jäger zu stellen.

Saloon

Cobbs Flitzer –
ein Unikat

MOS PELGO

Mos Pelgo ist eine kleine Bergarbeitersiedlung auf Tatooine, die seit Ende des Imperiums schwer gelitten hat. Die Einwohner waren dem Bergbaukollektiv ausgeliefert, bis der einheimische Cobb Vanth in eine mandalorianische Rüstung schlüpfte und sie befreite.

Gerät misst die Windstärke.

Wassertrog

SALOON

Mando trifft Cobb Vanth im örtlichen Saloon. Der Barkeeper schenkt viele Getränke aus, darunter auch Spotchka.

COBB VANTH

Der Marshal

Cobb Vanth wurde auf Tatooine geboren und will den Leuten helfen, die dort leben. Er erwarb von den Jawas eine mandalorianische Rüstung, die er trägt, um die Stadt Mos Pelgo zu beschützen. Vanth trifft Mando im Saloon des Ortes.

Wissenswertes über Cobb Vanth

1 Vanth hat einen Gleiter Marke Eigenbau, ein Radon-Ulzer-620C-Podrennertriebwerk mit Sitz und Steuerung daraufgeschraubt.

2 Cobb ist Marshal von Mos Pelgo und verantwortlich für den Schutz der Bürger.

3 Wie viele Leute auf Tatooine vertraut Vanth den Tusken-Räubern nicht.

4 Er hat ein KA74-Blastergewehr und eine schwere Blasterpistole des Typs HF-94.

5 Seine Rüstung trug einst der berüchtigte Kopfgeldjäger Boba Fett.

TUSKEN-RÄUBER

Überlebensexperten

Die Tusken-Räuber stammen von Tatooine und leben dort in der rauen Wüste. Andere, die auf Tatooine leben, sehen die Tusken als wild und gewalttätig an, nehmen sich aber auch kaum die Zeit, sie wirklich zu verstehen.

Wissenswertes über die Tusken

1 Die Tusken-Räuber werden von den Feuchtfarmern auch Sandleute genannt.

2 Tusken-Räuber sind Nomaden, das heißt, sie haben kein festes Zuhause und ziehen in der Wüste umher.

3 Massiffs sind hundeartige Kreaturen, die von den Tusken-Räubern gezähmt werden, damit sie ihre Lager bewachen.

4 Die Lanze, mit der Tusken oft kämpfen, wird Gaderffii- oder Gaffi-Stock genannt.

5 Tusken fürchten Kraytdrachen.

Hörner

BANTHAS

Banthas sind auf Tatooine heimische Tiere. Sie geben schmackhafte blaue Milch, die viele Feuchtfarmer gern trinken. Tusken-Räuber reiten einer hinter dem anderen auf Banthas durch die Wüste und schätzen die Tiere sehr.

Schon gewusst?

Die Tusken-Räuber sehen die Banthas als Mitglieder ihres Stammes an.

Dichtes Fell

KRAYTDRACHE

Kraytdrachen sind schreckliche Monster, die sich unter dem Sand bewegen und hervorschnellen, um ihre Beute zu verschlingen. Auf Tatooine gibt es verschiedene Arten von Kraytdrachen. Die größten können bis zu 184 Meter lang werden!

Schwanz hilft, sich im Sand fortzubewegen.

Dieser Krayt besitzt ganze 16 Gliedmaßen.

Knochenpanzer am Kopf

Maul stößt ein giftiges Sekret aus.

DRACHENTÖTER

Die Einwohner von Mos Pelgo und ein Tusken-Stamm tun sich auf Tatooine zusammen, um einen Kraytdrachen zu erlegen. Ihr Plan geht zwar schief, am Ende schaffen sie es aber doch, ihn zu töten.

87

FROSCHLADY

Wichtige Passagierin

Die auf Tatooine nur als Froschlady bekannte Dame will unbedingt wieder zu ihrem Partner, der auf dem Mond Trask ist. Mando nimmt sie an Bord der *Razor Crest* mit, aber der Flug verläuft nicht ganz wie geplant!

Wissenswertes über die Froschlady

1 Sie verwahrt ihre letzten Eier in einem Spezialrucksack mit Temperaturkontrolle. Sie sind empfindlich und würden zerstört, wenn Mando in den Hyperraum spränge.

2 Die Froschlady ist mit ihrem Shard-3A-Miniclusterblaster eine brillante Schützin und zudem eine gute Droidenschmiedin.

3 Sie hat eine lange Zunge, mit der sie sich weit entfernte Dinge schnappen kann.

4 Die Froschlady kann auch hüpfen, wenn es schnell gehen muss – besonders wenn hungrige Eisspinnen hinter ihr her sind!

CARSON TEVA

X-Flügler-Pilot

Carson Teva gehört der Flotte der Neuen Republik an und hilft, in Teilen des Äußeren Rands für Ordnung zu sorgen. Er fürchtet, dass das Restimperium in der Gegend noch aktiv ist und zu einem großen Problem werden könnte.

Wissenswertes über Carson Teva

1 Carson fliegt oft zusammen mit seinem Pilotenkollegen Trapper Wolf.

2 Er fliegt bei seinen Patrouillen im Äußeren Rand einen T-65-X-Flügler.

3 Carson führt ein A280-Blastergewehr im X-Flügler mit sich und ist ein guter Schütze.

4 Er hilft Mando, Grogu und der Froschlady, als diese auf Maldo Kreis von Eisspinnen angegriffen werden.

5 Stationiert ist er auf dem Außenposten der Neuen Republik auf Adelphi.

Zugang zu einer heißen Quelle

Elektrische Funken

THERMALQUELLE

Auf Maldo Kreis ist es sehr kalt. Es gibt aber mindestens eine heiße Quelle auf dem Planeten – ein Zufluchtsort für eine Kolonie überwinternder Eisspinnen.

Die *Razor Crest* wird hier schwer beschädigt.

MALDO KREIS

Maldo Kreis ist allem Anschein nach nie groß erkundet worden. Eis bedeckt den Planeten, auf dem es tiefe Schluchten und Höhlen gibt. Hier einen Zwischenhalt einzulegen, gehörte nicht zu Mandos ursprünglichem Plan!

EISSPINNEN

Fiese Krabbler

Diese nur als Eisspinnen bekannten, gruseligen Kreaturen lauern in den Höhlen von Mando Kreis. Sie verharren starr in verschiedenen Entwicklungsstadien nahe einer heißen Quelle und stürzen sich gemeinsam auf jegliche Beute.

Eisspinnen scheinen im Laufe ihrer Entwicklung mehr Beine zu wachsen.

JUNGTIERE

Beim Schlüpfen verspüren Eisspinnen wohl direkt großen Heißhunger. Einige versuchen sogar, Grogu zu fressen!

Magen

Mehrere Zahnreihen

Schon gewusst?

Ähnliche Spinnenwesen lauern auch auf den Planeten Dagobah, Atollon und Taul.

95

Läufer zur Hilfe beim Hafenbetrieb

TRASK

Trask, eine Meereswelt fernab vom Einfluss der Neuen Republik, wird von Mon Calamari und Quarren bewohnt, die nichts mit der Politik ihrer Heimat zu tun haben wollen. Mando fliegt her, um die Froschlady zu ihrem Mann zu bringen und andere Mandalorianer zu treffen.

Die *Razor Crest* legte keine allzu sanfte Landung hin.

Startendes Schiff

DIE SCHENKE

Mando sucht in der örtlichen Schenke nach Informationen. Über Schläuche oben an der Decke erhält man eine leckere Fischsuppe, die, wie Grogu feststellt, voller Überraschungen steckt.

97

QUARREN-SCHIFF

Der Kapitän dieses Fischerboots der Quarren bietet Mando an, ihn zu anderen Mandalorianern zu bringen. Er lügt zwar, zieht aber unabsichtlich die Aufmerksamkeit der Mandalorianerin Bo-Katan Kryze und ihrer Einheit auf sich.

Mast

Mamacore
Die Seeleute halten einen Mamacore an Bord gefangen, der Grogu fressen will!

Schiffsbug

QUARREN-CREW

Die Crew des Schiffes weiß über den Versuch ihres Kapitäns, Mando zu töten, Bescheid. Mandos Beskarrüstung ist viel wertvoller als die Fische, die sie sonst fangen.

Mamacorekäfig

Oberdeck

Triebwerk

BO-KATAN KRYZE

Anführerin der Nachteulen

Bo-Katan Kryze ist eine mandalorianische Anführerin und Kriegerin. Sie hat Jahrzehnte für ihr Volk gekämpft. Bo-Katan will ihre Heimatwelt Mandalore wieder einnehmen.

Wissenswertes über Bo-Katan Kryze

1 Sie ist eine herausragende Kämpferin, die auf WESTAR-35-Blaster setzt.

2 Ihre Schwester, Herzogin Satine Kryze, regierte Mandalore bis zu ihrem Tod.

3 Bo-Katan teilte die Auffassung ihrer Schwester nicht, dass Mandalorianer friedvoll und keine Krieger sein sollten.

4 Bo-Katan war Anführerin einer als Nachteulen bekannten Kriegergruppe.

5 Sie will das Dunkelschwert zurück, weil man damit die Mandalorianer einen kann.

KRYZE' EINHEIT

Bo-Katan Kryze führte einst eine Armee an, aber diese Zeiten sind vorbei. Für ihre Mission, auf Trask einen imperialen Frachter zu stehlen, hat sie nur ein kleines Team von Mandalorianern. Die anderen sind Axe Woves, Koska Reeves und ein neuer Rekrut – Mando.

AXE WOVES
Der fähige mandalorianische Krieger Axe Woves verschafft sich mit einem Datenüberbrücker Zugang zum imperialen Frachter.

TEAM-TAKTIK

Bo-Katans Leute sind bestens ausgebildet und arbeiten perfekt als Team zusammen. Die Sturmtruppen auf dem Frachter sind ihnen nicht gewachsen.

Schon gewusst?

Mando ist geschockt, als diese Mandalorianer vor anderen ihre Helme absetzen.

KOSKA REEVES

Koska Reeves ist im Nahkampf besonders stark. Mit der Hilfe ihres Jetpacks teilt sie aus der Luft kräftige Tritte aus.

Laserkanone

Triebwerk

FRACHTER-KAPITÄN

Der Captain des Frachters ist Moff Gideon treu ergeben. Er will das Schiff zerstören, bevor es die Mandalorianer kapern.

IMPERIALER FRACHTER

Das Imperium verfügte über etliche Frachter der *Gozanti*-Klasse, um Güter zwischen Welten oder auch TIE-Jäger zum Einsatzort zu transportieren. Moff Gideons Truppen nutzen noch mindestens einen dieser Frachter im Äußeren Rand. Er stellt für Bo-Katans Mandalorianer-einheit ein verlockendes Ziel dar.

Steuerbordflügel

Brücke

Modell eines Planeten

SCHULE IN NEVARRO

Das Gebäude in der Stadt Nevarro, das einst eine Kopfgeldjägerbar war, ist nun eine Schule für die Kinder des Ortes. Grogu nimmt an einer Geografiestunde teil, in der es um Handelsrouten der Galaxis und das Kessel-System geht.

Protokolldroide als Lehrkraft

Schaubild des Kessel-Systems

SÜSSIGKEITEN

Grogu hat weit mehr Interesse an den Snacks seiner Mitschüler als am Unterricht. Er kann sich nicht konzentrieren, bis er sich mithilfe der Macht eine Leckerei stibitzt.

Turbolaser

GEHEIMPROJEKT

Greefs Gruppe entdeckt alsbald, dass zur Basis ein Labor gehört. Dr. Pershing hat dort rätselhafte Experimente an diversen Testsubjekten durchgeführt.

Landezone

IMPERIALE BASIS

Greef Karga und Cara Dune bitten Mando um Hilfe dabei, eine nahe gelegene imperiale Basis auf Nevarro zu zerstören. Karga hält sie weitgehend für verlassen, aber wie sich zeigt, sind dort noch zahlreiche Sturm- und Scouttruppen, Piloten und Wissenschaftler stationiert.

TREXLER MARODEUR 906

Der Trexler Marodeur 906 ist ein Schwebepanzer des Imperiums. Er basiert auf dem imperialen Truppentransporter (ITT), hat aber viel mehr Feuerkraft, da er für Einsätze gegen andere Fahrzeuge dient. Einen Trexler Marodeur 906 sieht man nicht oft, da nur wenige gebaut wurden.

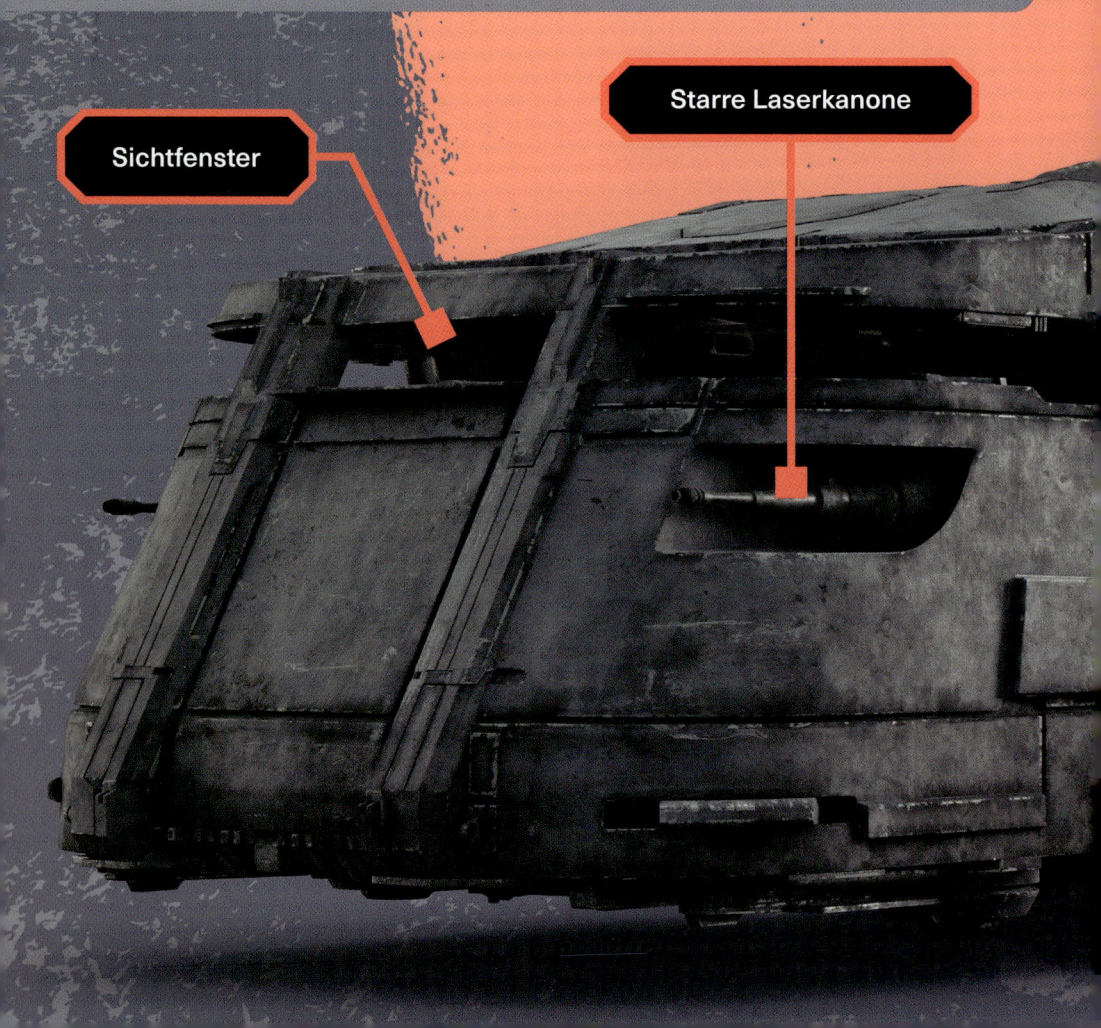

Starre Laserkanone

Sichtfenster

PLATZ DES SCHÜTZEN

Am Heck des Fahrzeugs findet sich eine Geschützstation. Die Sensoren ähneln denen auf einigen Raumschiffen und helfen dem Schützen, Ziele anzuvisieren.

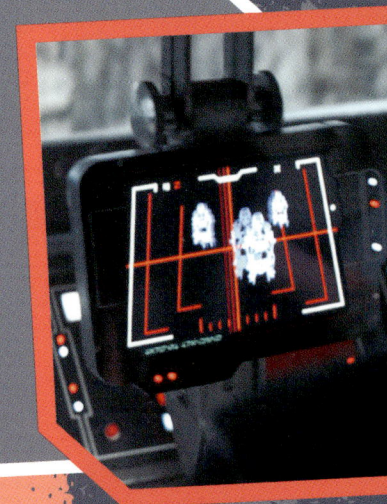

Starke Panzerung

Lasergeschütz

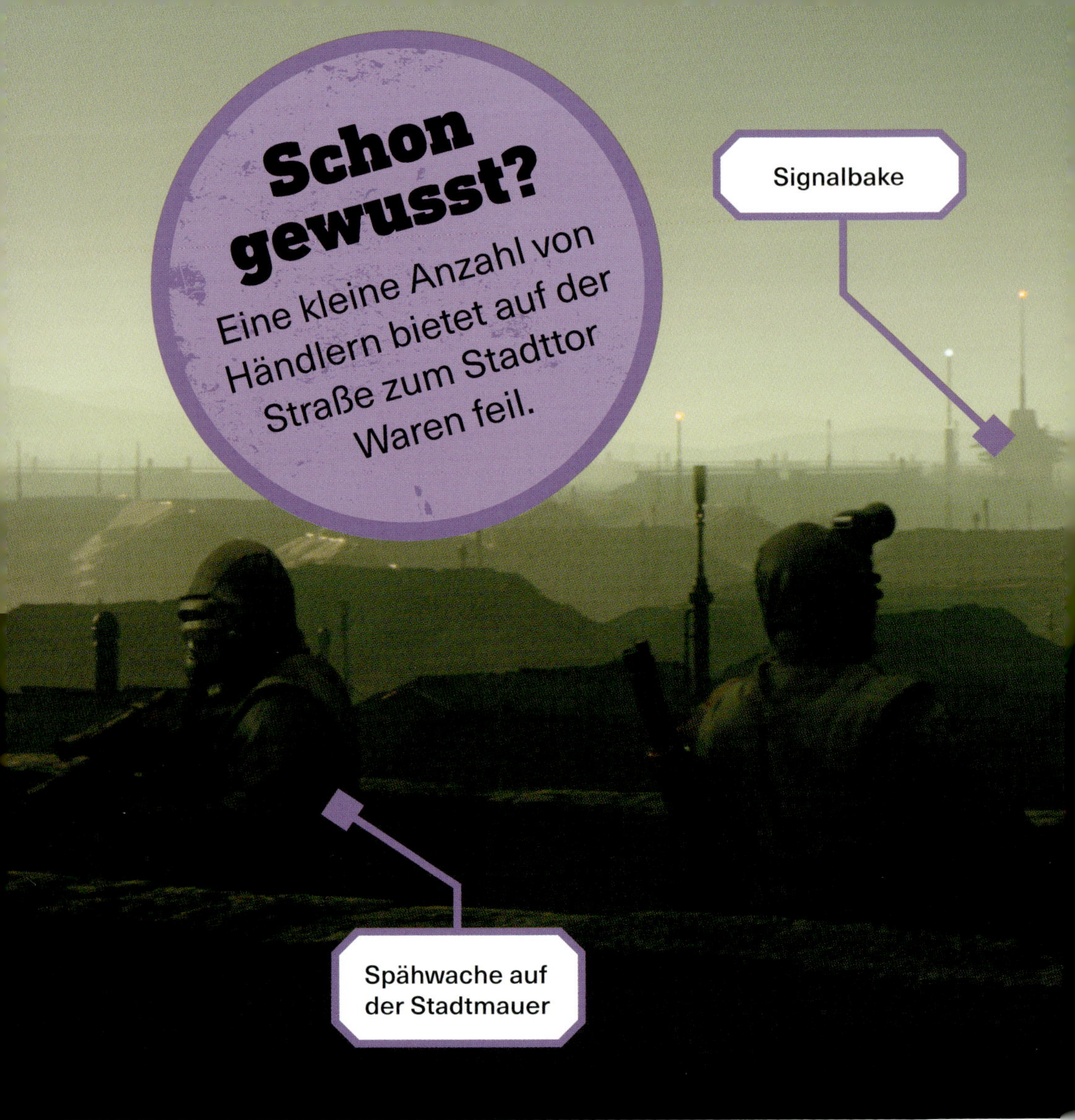

Signalbake
Spähwache auf der Stadtmauer

Schon gewusst?
Eine kleine Anzahl von Händlern bietet auf der Straße zum Stadttor Waren feil.

CORVUS

Diese Welt im Äußeren Rand hat unter der grausamen Herrschaft der bösen Morgan Elsbeth gelitten. Corvus war ein stark bewaldeter Planet, aber Elsbeth hat begonnen, die Bäume abzuholzen.

Elsbeths Haus

CALODAN

Morgan Elsbeth residiert in Calodan. Diese ummauerte Stadt wird von ihren Truppen bewacht, und die Einwohner leben in Angst vor ihr.

AHSOKA TANO

Ehemalige Jedi

Die kluge und starke Machtnutzerin Ahsoka Tano kämpft für das Gute in der Galaxis. Sie hat eine wichtige Rolle in der galaktischen Geschichte gespielt und kennt Bo-Katan seit vielen Jahren.

Wissenswertes über Ahsoka Tano

1 Ahsoka gehörte einmal dem Jedi-Orden an und war Anakin Skywalkers Padawan.

2 Die Anführer der Jedi schlossen Ahsoka aus dem Orden aus, als sie einer Straftat bezichtigt wurde. Anakin bewies ihre Unschuld, aber sie wollte nicht zu den Jedi zurückkehren.

3 Zu Zeiten des Imperiums arbeitete sie mit Rebellenanführern zusammen, um einzelne Gruppen zu dem zu vereinen, was letztlich zur Rebellenallianz werden sollte.

4 Ahsoka ist auf Corvus, um von Morgan Elsbeth Thrawns Aufenthaltsort zu erfahren.

117

MORGAN ELSBETH

Calodans Magistratin

Morgan Elsbeth ist eine grausame Magistratin, die für die Flotte des Imperiums Planeten ihrer Rohstoffe beraubt hat. Nach dessen Ende setzt sie ihre Machenschaften fort, doch keiner weiß, an wen die geplünderten Rohstoffe nun gehen.

Wissenswertes über Morgan Elsbeth

1 Morgan besitzt eine Lanze aus purem Beskar, die sie Mando überlassen will, wenn er dafür Ahsoka Tano erledigt.

2 Sie kennt sich gut mit Kampftechniken aus und behauptet sich eine Zeit lang gegen eine exzellente Lichtschwertkämpferin.

3 Morgan ist sehr berechnend. Sie befiehlt ihren Truppen, Calodans Zivilisten zu töten, aber Mando kann diese retten.

4 Nach Ahsokas Sieg über Morgan folgt Wing ihr als Calodans Magistrat nach.

119

CAPTAIN LANG

Lang war Söldner und dient nun als Morgan Elsbeths Stellvertreter. Neben seiner Blaster-pistole besitzt er einen BARM-ST12-Streublaster.

Weinrotes Kama

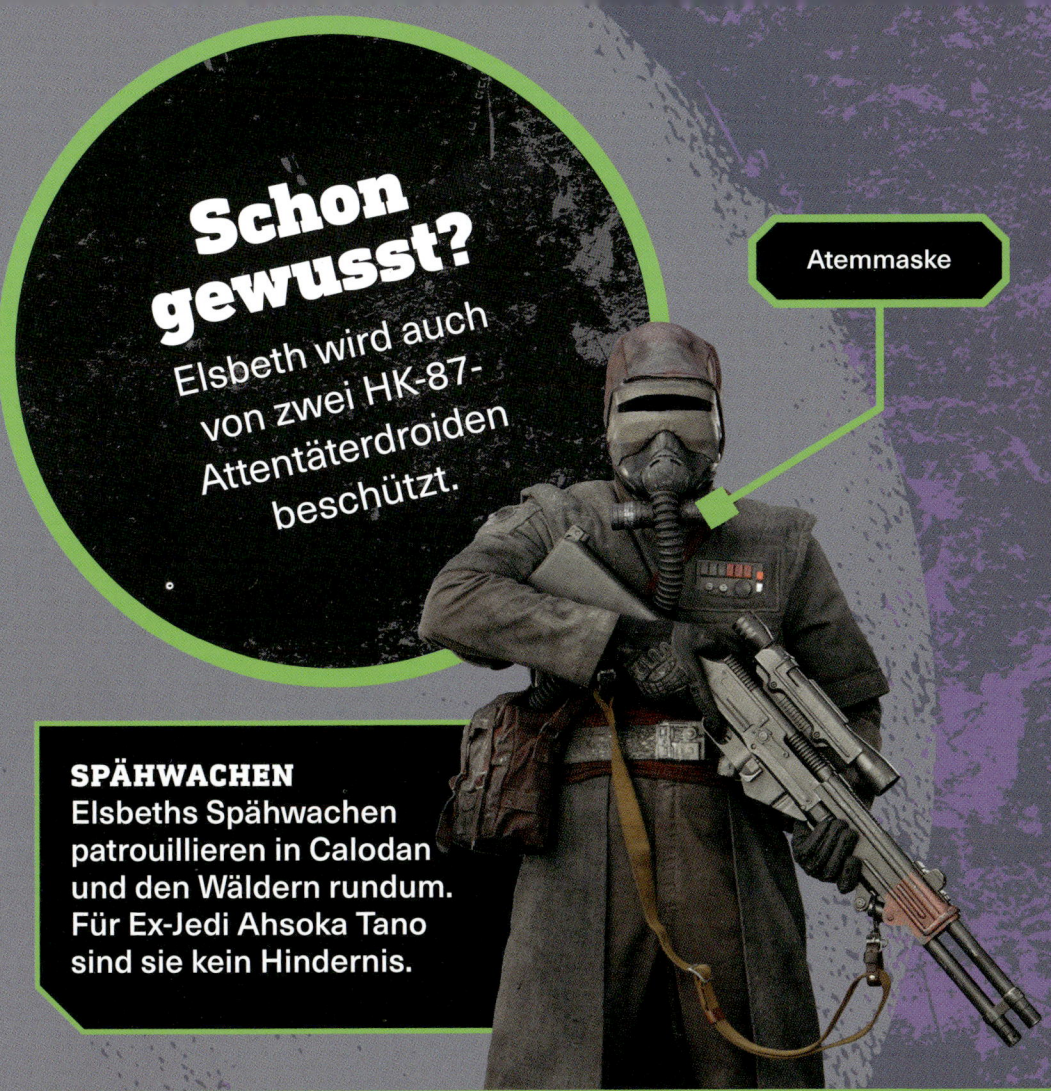

Schon gewusst?

Elsbeth wird auch von zwei HK-87-Attentäterdroiden beschützt.

Atemmaske

SPÄHWACHEN
Elsbeths Spähwachen patrouillieren in Calodan und den Wäldern rundum. Für Ex-Jedi Ahsoka Tano sind sie kein Hindernis.

ELSBETHS TRUPPEN

Magistratin Morgan Elsbeth befehligt eigene Truppen. Sie setzt sie ein, um die Einwohner von Calodan einzuschüchtern und einen jeden abzuwehren, der sich gegen sie stellen könnte.

Alter Megalith

TYTHON

Dieser uralte Planet ist sehr stark in der Macht.
Auf einer Anhöhe gibt es einen alten Tempel,
den Mando und Grogu aufsuchen, um einen Jedi
herbeizurufen, der dem Kind helfen kann.

SEHENDER STEIN

Inmitten der Tempelanlage befindet sich ein geheimnisvoller Stein mit eingemeißelten alten Texten. Als Grogu darauf sitzt, umgibt ihn eine Barriere, die ihn von Mando trennt.

BOBA FETT

Legendärer Kopfgeldjäger

Boba Fett ist eine Legende in der kriminellen Unterwelt und seit Jahrzehnten als Kopfgeldjäger aktiv. Die Motive des Mannes unter dem Helm mögen manchmal rätselhaft sein, aber als Teil eines Deals hilft er Mando, Grogu zu retten.

Wissenswertes über Boba Fett

1 Sein Vater Jango Fett spendete seine DNS für die Klonarmee der Republik.

2 Jango forderte einen unveränderten Klon: Boba. Der jüngere Fett mag es nicht, wenn man ihn mit den Klonsoldaten vergleicht.

3 Boba wurde von klein auf zum Kopfgeldjäger ausgebildet und ist einer der besten.

4 Da Jango ein mandalorianisches Findelkind war, ist für einige auch Boba Mandalorianer.

5 Boba besitzt Waffen von Tusken-Räubern.

BOBA FETTS SCHIFF

Boba Fett hat sein Schiff der *Firespray*-Klasse von seinem Vater Jango Fett geerbt. Es ist seit Jahrzehnten im Einsatz und wurde von beiden Fetts immer wieder verändert. Zur Überraschung von Gejagten birgt es viele versteckte Waffen.

Repulsorflügel drehen sich bei der Landung.

FETT AM STEUER

Jango Fett brachte Boba in jungen Jahren bei, wie man das Schiff fliegt. Nun ist er ein toller Pilot und vollbringt ebenso im Weltraum wie in der Luft gewagte Flugmanöver.

Zu Bobas Rüstung passende grün-rote Lackierung

Cockpit

Schwenkbarer Blaster

Farbmarkierungen stehen für die Spezialisierung.

Mörser, Typ 201 von Merr-Sonn Waffensysteme

KOMPAKTER TORNISTER

Mörsertruppler tragen die Munition für ihre Geschütze auf dem Rücken. Diese werden mit Thermaldetonatoren bestückt.

MÖRSER-TRUPPEN

Mörsertruppler sind spezielle Sturmtruppler, die für den Einsatz von Mörsern ausgebildet sind. Einer dieser Soldaten ist Teil eines Trupps, der Mando auf Tython angreift.

SEHR VIELSEITIG

Dunkeltruppen können für Einsätze in verschiedenen Umgebungen genutzt werden – ebenso am Boden wie in der Luft oder im All.

DUNKEL-TRUPPEN

Diese gruseligen Kampfdroiden werden Dunkeltruppler genannt. Sie sind sehr stark und schwer zu besiegen. Moff Gideons Dunkeltruppen bestehen aus Einheiten der dritten Generation, die von der Imperialen Abteilung für Militärforschung gebaut wurden.

Fotorezeptoren

Anzeige des
Energiestatus

Sehr starker
Griff

Blasterfeuer
abwehrende
Panzerung

133

Mayfeld als Gefangener in Arbeitskleidung

Altmetall

KARTHONISCHE SCHROTTFELDER

Die Karthonischen Schrottfelder sind ein Ort, an den die Neue Republik Gefangene unter Aufsicht von N5-Wachdroiden zum Arbeiten schickt. Migs Mayfeld landet dort, nachdem Mando ihn in einer Gefängniszelle der Neuen Republik zurücklässt. Später befreit Mando ihn wieder.

134

Rostiges TIE-Jäger-Cockpit

Mitgefangener

Schon gewusst?

Das Imperium benutzte Materialien von Karthon für den Bau des zweiten Todessterns.

NEUE MISSION

Migs ist mit seinem Wissen über imperiale Protokolle wichtig für Mandos Mission, sich Grogu von Moff Gideon zurückzuholen. Er schlägt vor, in eine Raffinerie auf Morak einzudringen, um zu erfahren, wo Grogu ist.

Angrenzender Regenwald

Schon gewusst?

Eine Gruppe Shydopps hat es mit den Imperialen auf ihrer Heimatwelt aufgenommen.

VOLK VON MORAK

Einige Einheimische leben an der Straße zur imperialen Basis. Sie wirken nicht allzu begeistert, als ein Juggernaut an ihnen vorbeirollt.

Juggernaut J-5 mit Roh-
rhydonium für die Raffinerie

Unbefestigte
Straße zur impe-
rialen Raffinerie

MORAK

Morak ist ein bewaldeter Planet mit geringen
Vorkommen des wertvollen Minerals Rhydonium.
Da das Restimperium fernab der Augen der
Neuen Republik tätig sein muss und Rhydonium
als Treibstoff benötigt, betreibt es eine Mine und
eine Raffinerie auf der eher unbekannten Welt.

137

JUGGERNAUT-TRANSPORTER

Der HCVw A9.2 Juggernaut ist ein Radfahrzeug der Kuat-Triebwerkswerften. Das Restimperium nutzt diese Art von Transporter auf Morak zur Frachtbeförderung. Da er über keine Geschütze verfügt, ist er jedoch leicht angreifbar.

Cockpit

Megafon

138

Die Temperatur des Rhydoniums kann aus der Ferne überwacht werden.

Symbol für Arbeit mit Rhydonium

Räder für Schwerlasten

RHYDONIUM

Rhydonium ist in unraffiniertem Zustand sehr gefährlich und kann explodieren, wenn man es zu nah an Repulsoren lagert. Daher nutzen die Imperialen Radfahrzeuge.

Ein einziger, wohlplatzierter Schuss zerstört die Basis.

MORAK-BASIS

Die imperiale Raffinerie ist wichtig für die Bergbautätigkeit auf Morak und wird daher von Sturmtruppen und Luftabwehrgeschützen verteidigt. Über einen Computer in der Basis kann Mayfeld in Erfahrung bringen, wo sich Moff Gideons Kreuzer aufhält.

Fetts Raumschiff

Schon gewusst?

Da Ex-ISB-Offiziere die Basis leiten, wird Sicherheit hier großgeschrieben.

VALIN HESS

Dieser gnadenlose imperiale General leitete Angriffe gegen Kriegsende, die für viel Zerstörung sorgten. Mayfeld diente unter ihm und verabscheute seine Befehle.

LAMBDA-SHUTTLE

Die Raumfähre der *Lambda*-Klasse ist eine Säule der Imperialen Flotte und dient zur Beförderung wichtiger Passagiere von einem Ort zum anderen. Hohe Anführer wie Imperator Palpatine und Darth Vader hatten ihre persönlichen Lambda-Shuttles.

LOYALER CO-PILOT

Lambda-Shuttles können von einer Einzelperson geflogen werden, aber meist steht ihnen ein Co-Pilot zur Seite. Anders als der Pilot dieser Fähre, ist ihr Co-Pilot leidenschaftlicher Anhänger des Imperiums.

Flügel in Flugposition

Schon gewusst?

Das Cockpit kann abgetrennt werden und als Rettungskapsel dienen.

Cockpit

Doppelkanonen

Flügel drehen sich bei Landung um 90 Grad.

Schon gewusst?

Diese Art Schiff gibt es bereits seit den Klonkriegen.

Laserkanone

LAFETE-DINER

Mando trifft Bo-Katan Kryze und Koska Reeves in einem Diner auf Lafete. Sie willigen ein, Mando zu helfen, damit Bo-Katan sich das Dunkelschwert zurückholen kann.

Abteil hinter dem Cockpit

Triebwerk, in Flügel eingebaut

GANTELET-STERNENJÄGER

Der Ganteletjäger ist ein vielseitiges Schiff, das von den Mandalorianern entwickelt wurde. Es ist auch als Jäger/Transporter der *Kom'rk*-Klasse bekannt und kann ebenso in Raumschlachten wie zum Transport von Kriegern genutzt werden.

GIDEONS KREUZER

Moff Gideon nutzt einen leichten Kreuzer der *Arquitens*-Klasse als mobile Operationsbasis. Er ist viel kleiner als ein Sternenzerstörer der *Imperium*-Klasse und erregt daher weniger Aufmerksamkeit bei der Neuen Republik. Kreuzer dieser Art kamen bereits in den Klonkriegen zum Einsatz.

TIE-Jäger-Startröhre

Sensoren

Backbord-
triebwerk

Frachtabteile

ABTEIL DER DUNKELTRUPPEN

Moff Gideons Kreuzer hat ein Extraabteil mit einer Einheit der Dunkeltruppen. Sie brauchen etwas Zeit zum Aufladen, aber einmal aktiv, sind sie schwer zu schlagen.

149

LUKE SKYWALKER

Jedi-Ritter

Luke Skywalker ist ein Jedi-Ritter, der Mitglied der Rebellenallianz war und half, das Imperium zu besiegen. Er spürt durch die Macht Grogus Gegenwart auf Tython und verfolgt ihn zu Moff Gideons Kreuzer.

Wissenswertes über Luke Skywalker

1 Luke fliegt einen T-65-X-Flügler, den er fast zehn Jahre zuvor bereits in der Schlacht von Yavin geflogen hat.

2 Er ist sehr stark in der Macht und erledigt spielend Moff Gideons Dunkeltruppen.

3 Nach der Schlacht von Endor bildet Luke seine Schwester Leia zur Jedi aus und sucht nach verschollenen Jedi-Artefakten.

4 Luke Skywalker wird später noch weitere Jedi-Schüler unterweisen, unter anderem seinen Neffen Ben Solo.

151

R2-D2

Treuer Astromech

R2-D2 ist seit Jahrzehnten in Betrieb, in denen er treu Mitgliedern der Familie Skywalker gedient hat. Er hat Luke auf viele seiner Jedi-Missionen begleitet, nachdem er zuvor bereits Lukes Vater Anakin diente, als der noch ein Jedi-Ritter war.

Wissenswertes über R2-D2

1 Da R2-D2s Speicher nie gelöscht wurde, hat er eine einzigartige und eigenwillige Persönlichkeit ausgebildet.

2 Er ist sehr clever und tüftelt oft schnelle Wege aus, um seinen Freunden zu helfen.

3 R2 ist im Laufe der Jahre zu vielen ungewöhnlichen Orten gereist, so auch zu einem Planeten, der die Heimatwelt der Macht ist.

4 Er hat zwei große Kriege erlebt: die Klonkriege und den Galaktischen Bürgerkrieg.

5 R2 verfügt über viele nützliche Werkzeuge.

Ein Weequay aus dem Gefolge

Von Fennec befreite Twi'lek-Tänzerin

JABBAS PALAST

Der Twi'lek Bib Fortuna thront nun auf dem Podest, auf dem einst sein früherer Gebieter, Gangsterboss Jabba der Hutt, Hof hielt. Als Majordomus diente Bib Jabba viele Jahre. Nun scheint der ehemalige Haushofmeister selbst das Sagen zu haben.

BOBAS RÜCKKEHR

Boba und Fennec treffen im Palast ein, erledigen Bibs Gamorreaner-Wachen und dann ihn selbst. Boba nimmt seinen Platz auf dem Thron ein.

„WIR WERDEN
UNS WIEDERSEHEN.
DAS VERSPRECH ICH DIR."

Mando zu Grogu

BEGRIFFE

Computerhacker
Jemand, der geschickt darin ist, in geschützte Computersysteme einzudringen.

Droidenschmied
Eine Person, die einen Droiden bauen, reparieren und Veränderungen an ihm vornehmen kann.

Findelkind
Ein Kind, das ohne Eltern aufgefunden wird. Findet ein Mandalorianer ein solches Kind, muss es zu den Seinen gebracht oder ein mandalorianischer Krieger werden.

Galaktischer Bürgerkrieg
Ein Krieg zwischen Imperium und Rebellenallianz. Die Rebellen haben am Ende gesiegt und danach die Neue Republik gegründet.

Galaktische Republik
Der friedliche Zusammenschluss von Welten, den es vor dem Imperium in der Galaxis gab.

Hyperantrieb
Eine Art Antrieb, mit der ein Schiff in den Hyperraum eintreten kann.

Hyperraum
Eine besondere Umgebung, in der ein Raumschiff sehr schnell fliegen kann.

Imperiales Sicherheitsbüro (ISB)
Eine Gruppe des Imperiums, die die Treue imperialer Truppen testete und Spione der Rebellen aufspürte.

Imperium
Eine böse Gruppe, die über die Galaxis herrschte, bis sie den Galaktischen Bürgerkrieg verlor.

Kama
Eine Art flexibler Schutzrock für die Beine.

Klonkriege
Ein Krieg zwischen der Galaktischen Republik und der Droidenarmee der sogenannten Separatisten, der in der ganzen Galaxis wütete.

Magistrat
Auf einigen Planeten der Titel einer Person, die eine Gruppe von Leuten anführt.

Majordomus
Jemand, der zum Beispiel für einen mächtigen Gangsterboss Haus und Hof verwaltet.

Megalith
Ein großer Steinblock, der Teil eines alten Bauwerks ist.

Rebellenallianz
Eine Gruppe, die am Ende des Galaktischen Bürgerkriegs das Imperium besiegt hat.

Repulsor
Eine spezielle technische Vorrichtung, mit deren Hilfe Fahrzeuge über dem Boden schweben können.

Lektorat Matt Jones,
David Fentiman, Emma Grange,
Sarah Harland, Mark Searle
Gestaltung und Bildredaktion
Chris Gould, Vicky Short
Herstellung Jennifer Murray, Mary Slater

Für Lucasfilm
Lektorat Robert Simpson
Creative Director Michael Siglain
Art Director Troy Alders
Story Group Leland Chee, Pablo Hidalgo
und Emily Shkoukani
Asset Management Chris Argyropoulos,
Nicole LaCoursiere, Gabrielle Levenson, Bryce
Pinkos, Erik Sanchez und Sarah Williams

Für die deutsche Ausgabe:
Programmleitung Monika Schlitzer
Projektbetreuung Christian Noss
Herstellungsleitung Dorothee Whittaker
Herstellungskoordination Bettina Bähnsch
Herstellung Claudia Bürgers

Titel der englischen Originalausgabe:
Star Wars The Mandalorian Handbook

Übersetzung Marc Winter

ISBN 978-3-8310-4342-2

Druck und Bindung
TBB, a.s., Slowakei

MIX
Papier aus verantwor-
tungsvollen Quellen
FSC® C018179

www.dk-verlag.de

www.starwars.com